PÉLERINAGE

DE

Mgr L'ARCHEVÊQUE DE RENNES

A ROME,

EN JANVIER 1861.

AVEC PERMISSION.   PRIX : 10 CENTIMES.

RENNES,

IMPRIMERIE DE H. VATAR.

1861.

PÉLERINAGE

DE

Mgr L'ARCHEVÊQUE DE RENNES

A ROME

EN JANVIER 1861.

Depuis longtemps Monseigneur désirait aller au Tombeau de saint Pierre et visiter le Souverain Pontife, chef visible de l'Eglise catholique. Son désir ne faisait que s'accroître depuis son institution comme Archevêque de Rennes, érigée en Métropole de la Bretagne, et surtout à la vue des épreuves si cruelles que supporte le Souverain Pontife pour son autorité temporelle et l'indépendance de son autorité spirituelle. Différentes causes indépendantes de sa volonté l'avaient fait retarder ce saint pèlerinage. Enfin, malgré la saison rigoureuse de l'hiver, le mauvais état de sa santé et les troubles d'Italie, Monseigneur fixa et annonça son départ pour le lundi matin, 14 janvier 1861. La nouvelle de cet important voyage remplit de joie tout l'Archidiocèse, et le dimanche après-midi, la veille de son départ, le Chapitre de la Métropole et le clergé de la ville allèrent le complimenter et lui offrir les vœux qu'ils faisaient avec les fidèles, pour l'heureux accomplissement de son pèlerinage et de son retour.

Après un voyage pénible, Monseigneur arriva à Rome le 26 janvier, y passa quinze jours à remplir ses devoirs de piété : il en repartit le 11 février, et arriva à Rennes le jeudi soir, 21 du même mois. A la gare, tout le clergé s'était rendu pour le recevoir et l'accompagner à l'Archevéché, il était suivi d'une foule compacte, heureuse de revoir son Pasteur. Le lendemain, vendredi, le Chapitre de Rennes et le clergé de la ville furent admis à lui présenter leurs hommages et leurs félicitations sur son heureux retour.

Pour perpétuer le souvenir de cette époque mémorable nous avons recueilli, pour la satisfaction des fidèles, les paroles prononcées au départ et au retour de Sa Grandeur et quelques détails sur son séjour à Rome ; et pour complément, nous avons, avec permission, ajouté la lettre pastorale que Monseigneur a adressée à son Archidiocèse pour lui communiquer les religieux sentiments qu'il a ressentis pendant son voyage.

J^h MESLÉ,

Chan., Curé-Doyen de Notre-Dame.

DÉPART DE MONSEIGNEUR.

(Journal de Rennes, 14 janvier.)

Monseigneur l'Archevêque de Rennes est parti ce matin 14 janvier, par le train de sept heures, pour son voyage de Rome. Deux délégués du Chapitre métropolitain sont partis avec lui pour l'accompagner jusqu'aux limites du diocèse. Hier, le Chapitre de la Métropole, tous les chanoines, MM. les curés des paroisses et tous les autres prêtres de la ville ont voulu exprimer à Monseigneur, avant son départ, les sentiments dont ils sont animés pour leur digne et bien-aimé Archevêque, et le prier de porter aux pieds du Souverain Pontife leur plus profonde vénération, leur dévouement le plus entier, et les vœux qu'ils forment pour le triomphe de la cause sacrée qu'il défend avec tant de courage. A deux heures, le Chapitre s'est présenté, et le plus ancien des chanoines a adressé à Sa Grandeur le discours suivant :

« Monseigneur,

« Au moment où vous allez quitter votre diocèse pour entreprendre un voyage pénible, mais glorieux, le Chapitre métropolitain vient se presser autour de votre personne, pour vous exprimer une fois de plus, en son nom et au nom de tout le clergé dont il se fait l'interprète, l'hommage de son dévouement et de son amour.

« Tous, Monseigneur, nous voudrions pouvoir vous accompagner dans votre pèlerinage, et en partager avec vous les fatigues et les dangers. Du moins, nous vous suivrons de nos vœux, et tandis que vous franchirez les espaces qui nous séparent de notre Père commun, nous prierons Dieu de diriger vos pas, et d'écarter de votre route tous les obstacles et les périls.

« Oui, Monseigneur, il nous serait doux d'être conduits par vous aux pieds du Pontife auguste que vous aller visiter dans ses épreuves, et de lui apporter aussi nous le tribut de notre vénération, de notre dévouement, de notre profonde sympathie ; de lui ouvrir nos cœurs pour qu'il y pût voir les sentiments de filiale compassion et de pieuse tristesse qui les animent. Mais vous serez notre interprète fidèle, et tout ce que vous lui direz sera bien l'expression de nos pensées, parce que vous ressentez vous-même tout ce qui agite le fond de nos âmes, et mieux que nous vous lui exprimerez ce que nous désirons, ce que nous croyons, ce que nous aimons, ce que nous réprouvons.

« Partez, Monseigneur, et que l'ange de Dieu vous accompagne. Partez pour aller consoler le cœur de Pie IX, en lui assurant que, si quelques-uns le trahissent et l'abandonnent, beaucoup d'autres seraient prêts à lui sacrifier leurs biens et leur vie. Et quand vous aurez épanché votre âme dans la sienne, retrempé votre cœur d'Evêque dans le cœur du premier des Pasteurs, nous reviendrons au-devant de vos pas pour recueillir les bénédictions dont il vous aura chargé, et entendre de votre bouche les paroles paternelles qu'il vous aura confiées. »

Les prêtres des paroisses sont venus ensuite, et le respectable M. Meslé, le doyen des curés de la ville, a adressé à Monseigneur, au nom de ses confrères et de tout le clergé du diocèse, dont les sentiments sont les mêmes, les paroles que voici :

« Monseigneur,

« Le clergé de votre ville archiépiscopale tenait à honneur de vous présenter ses hommages et ses vœux à la veille de votre départ pour Rome ; admis en votre présence, il s'empresse, par l'organe du plus ancien curé de la ville, de vous exprimer les sentiments qui nous animent tous.

« Dans le profond respect et l'inviolable attachement que nous avons pour votre personne sacrée, nous prenons tous le plus vif intérêt à la visite que Votre Grandeur va faire au Souverain Pontife Pie IX, dans le moment de ses cruelles et continuelles épreuves, sans vous laisser arrêter par votre santé, par la rigueur de la saison et les autres inconvénients de ce pèlerinage dans la perturbation de l'Italie.

« Nous jouissons d'avance du bonheur que vous goûterez à satisfaire votre foi et la nôtre, et de la consolation que vous allez procurer à notre Saint-Père par votre présence, et surtout quand Votre Grandeur lui dira de vive voix tout votre dévouement et celui de tout votre clergé, dont vous l'avez déjà informé, et dont vous lui offrirez un nouveau témoignage en lui présentant les catholiques et filiales Adresses, signées par tous les prêtres des différents cantons de votre Archidiocèse.

« Cette visite au Saint-Père fera époque dans l'Eglise de Rennes, ajoutera un fleuron à votre couronne, et l'histoire ecclésiastique en conservera le glorieux souvenir.

« Si nous avons un regret aujourd'hui, c'est de ne pouvoir tous vous accompagner pour nous prosterner avec vous aux pieds du Saint-Père, pour y recevoir la bénédiction apostolique que vous demanderez et obtiendrez pour vous, pour tous vos prêtres et tous les fidèles qui vous sont confiés. Pour nous en dédommager, nous vous y accompagnerons en esprit et de cœur, en priant et faisant prier nos paroissiens pour votre heureux voyage et votre heureux retour.

« Pendant que nous avons l'honneur de vous entretenir, permettez-nous de vous féliciter de ce que vous ayez été jugé digne, avec vos honorables collègues de l'épiscopat, d'être nommément injurié par la presse anti-chrétienne pour la courageuse manifestation que vous avez faite dans l'intérêt des droits du Saint-Siége et de l'Eglise. La presse irréligieuse voudrait flétrir, rabaisser nos évêques et nous en désaffectionner ; mais elle ne trouvera pas d'écho en Bretagne, qui n'a jamais connu le presbytérianisme. Nous désirons qu'elle sache, avec tout le public, que nous partageons tous vos sentiments envers le Souverain Pontife dans la crise actuelle, et que vos prêtres, loin d'applaudir à ceux qui cherchent à diminuer votre influence parmi nous, se trouvent honorés et sont heureux d'avoir à leur tête un Pontife qui, par ses enseignements et ses exemples, nous apprend à soutenir, à tout prix, les droits du Saint-Siége, et que nous voulons toujours, selon le droit divin, être unis avec notre Archevêque comme à Jésus-Christ même ; que nous désirons, avec la grâce, imiter tous ces vénérables prêtres du dernier siècle qui, toujours unis à leurs évêques, unis au Saint-Siége, ont souffert la spoliation, l'exil, la prison, la mort pour conserver l'unité de foi et la subordination hiérarchique de l'Eglise ; que tout notre désir est, comme Eléazar, de laisser aux jeunes prêtres qui nous remplaceront un exemple qu'ils pourront suivre et donner à leurs successeurs également d'âge en âge.

« Dans ces sentiments, pendant votre absence momentanée, nous continuerons, conformément à vos désirs, en union avec vous, de travailler au salut des âmes que vous nous avez confiées, de les maintenir dans la foi, en les préservant des dangers actuels, sous la direction des vénérables vicaires-généraux qui vous remplacent, honorés qu'ils sont de votre juridiction parmi nous.

« Veuillez paternellement accueillir cette expression de tous nos sentiments religieux envers votre personne et votre autorité. Et pour couronner cette démarche de tous vos prêtres, de vos fils obéissants et dévoués, daignez nous bénir tous, avec nos confrères absents et les fidèles de nos paroisses ; c'est ce que chacun vous demande, en disant comme Jacob à l'ange qui allait s'en séparer : *Non dimittam te, donec benedixeris mihi.* »

Nous savons que Monseigneur emporte avec lui, entre autres manifestations, quarante-trois Adresses faites par les prêtres des quarante-trois cantons que renferme le diocèse. Le clergé du diocèse, heureux du voyage qu'entreprend son Archevêque, s'est empressé de remettre entre ses mains l'expression des sentiments qu'il a toujours eus pour le Pontife romain, et de ceux en particulier que lui inspirent les événements si tristes qui l'accablent et les outrages dont ses ennemis l'abreuvent.

Quelle plus belle manifestation que celle-là ! On parle de schisme ; ce n'est pas ici, grâce à Dieu, que ce mot hideux trouvera de l'écho. Si jamais la France était condamnée à revoir les jours malheureux qu'ont vus nos pères, le clergé saurait y opposer sa fidélité inébranlable à l'Eglise, et au besoin souffrir tous les tourments plutôt que de faillir. Voilà ce que ces Adresses si touchantes et si pleines de générosité publient bien haut ; le cœur si bon et cependant si affligé de Pie IX en recevra, nous n'en doutons pas, une grande consolation.

Le dévouement des fidèles du diocèse à la cause du Pontife romain s'est fait jour aussi à l'occasion du voyage de Mgr l'Archevêque. Il y a cinq ou six semaines peut-être, une circulaire qui fut lue dans toutes les églises rendait compte avec reconnaissance de la manière dont nos populations avaient répondu au premier appel qui leur avait été fait : 600,000 fr. à l'emprunt romain, 100,000 fr. au Denier de Saint-Pierre ; c'étaient des chiffres éloquents et qui prouvaient combien, malgré tant d'efforts, les besoins de l'Eglise étaient vivement sentis.

Il y a quinze jours à peine, Monseigneur l'Archevêque a fait un nouvel appel à ses diocésains. Il ne voulait pas arriver les mains vides. Un mot a suffi, et dans ce court espace de temps *quatre-vingts mille* francs ont été recueillis, que Sa Grandeur pourra déposer aux pieds de Sa Sainteté comme un nouveau gage du dévouement à la cause de l'Eglise de son diocèse tout entier.

ITINÉRAIRE DU VOYAGE A ROME.

DÉPART DE RENNES.

Parti de Rennes le lundi 14 janvier 1861 à sept heures du matin par le chemin de fer, Monseigneur arriva le même jour à Paris, d'où il repartit le mardi 15 à huit heures du soir par le chemin de fer de Lyon, et le mercredi 16, il arrivait à Saint-Jean de Maurienne à une heure du soir; à trois heures le même jour Sa Grandeur montait en diligence et en traîneau pour faire l'ascension du Mont-Cenis, par un froid de 20 degrés.

Le jeudi 17, arrivé à Suze à huit heures du matin, Monseigneur en partit aussitôt pour Turin, où il ne s'arrêta que pour changer de wagon, et il arriva à Gênes le même jour vers trois heures de l'après-midi.

A Gênes, Monseigneur s'arrêta jusqu'au lendemain 18, et en partit dans une voiture en poste, qui devait le conduire à Pise en vingt-quatre heures.

Vers cinq heures du soir, ce jour, Monseigneur

se sentit malade, et ce ne fut qu'avec peine qu'il put gagner vers minuit une bourgade nommée Borguetto où il fut forcé de s'arrêter. Ne trouvant aucune ressource en ce lieu, il en partit le samedi 19 malgré la violence du mal, et gagna avec peine une ville nommée Sarzanno, ville épiscopale de huit à neuf mille âmes, privée de son Evêque depuis huit ans : Sa Grandeur s'y arrêta le dimanche 20 du mois.

Le lendemain lundi 21, Monseigneur gagna Pise, et passa par le duché de Modène.

Le mardi 22, il visita le Cardinal Corsi et les quatre monuments, savoir : la *Cathédrale*, le *Baptistère*, la *Tour penchée* et le *Campo-Santo*.

Le même jour, il partit pour Livourne, où il s'embarqua à trois heures de l'après-midi pour Civita Vecchia, où il arriva le mercredi 23 janvier à sept heures du matin.

Le même jour, Monseigneur avait le bonheur de saluer la Ville Eternelle : dès qu'il aperçut de loin la magnifique coupole qui couronne le tombeau du Prince des Apôtres, il se découvrit et se signa ; il entra dans Rome à deux heures de l'après-midi.

PREMIÈRES NOUVELLES DE L'ARRIVÉE A ROME.

(Journal de Rennes, 8 février.)

Des lettres particulières, reçues à Rennes hier matin, datées de Rome, 1er février, et qu'on a bien voulu nous communiquer, nous mettent à même de donner quelques détails sur le séjour de Mgr l'Archevêque dans la capitale du monde chrétien. Depuis la première audience que lui avait accordée Pie IX, Monseigneur a reçu du Saint-Père un solennel témoignage de sa bienveillance et de sa haute satisfaction. Sa Sainteté lui a fait remettre, par le premier prélat du Vatican, un magnifique calice. C'est un cadeau splendide : le calice est d'or massif, exécuté dans le style du xiiie ou du xive siècle ; il est enrichi de mosaïques précieuses : on en compte six sur le pied du vase représentant les quatre Evangélistes, l'Agneau divin, le *Pélican* (1) ; six autres sur la coupe, où des têtes d'anges alternent avec des croix : ces croix sont rouges sur fond bleu. Autour du nœud sont encore disposées six mosaïques à sujets divers ; enfin, six plus petites ornent le fût, au-dessus et au-dessous du nœud. Sous la patte du calice ressortent en relief les armoiries de Sa Sainteté, en or et en émail. Le Saint-Père fait rarement d'aussi riches présents. C'est le troisième calice qu'il donne : des deux autres précédemment octroyés dans des circonstances extraordinaires, l'un était destiné pour l'Amérique, l'autre pour l'Angleterre. Tout le diocèse partagera la joie de son digne Archevêque ; il sera heureux et flatté d'une distinction exceptionnelle accordée à son chef par le Souverain Pontife avec autant de bonté que de gracieuse affection.

C'est vendredi 1er février que Mgr l'Archevêque a eu sa seconde audience. Il a tout d'abord remercié le Saint-Père avec effusion, de son magnifique cadeau. S. S. a daigné répondre qu'en

(1) On sait que le pélican, emblème de la charité, figure dans les armes épiscopales de Mgr Saint-Marc.

offrant ce calice d'or à l'Archevêque de Rennes, elle avait voulu récompenser son dévouement et, en sa personne, celui de la Bretagne toute entière, qui s'est montrée si prodigue de son or et de son sang pour aider le Saint-Siége dans ses besoins. Le langage du Pape a été d'une simplicité touchante et cordiale, ses expressions des plus affectueuses pour Monseigneur. L'audience a duré longtemps et ne sera pas la dernière.

C'est un véritable pèlerinage que fait à Rome Mgr Saint-Marc : il ne s'attache guère qu'aux souvenirs religieux de la Ville Sainte. Sa visite à la basilique de Saint-Pierre a été fort solennelle. Il faisait vendredi sa seconde visite *ad limina* à Saint-Paul, hors des murs.

Il reçoit une foule de visites et de nombreuses invitations; mais le respectable Prélat y met beaucoup de réserve ; il n'a accepté que chez le cardinal de Villecourt.

Une démarche qui lui tenait au cœur, c'était d'aller témoigner sa respectueuse sympathie à la reine douairière de Naples.

Mgr l'Archevêque laissera de son passage à Rome le meilleur souvenir. Sa santé du reste est parfaitement remise. Il quittera Rome, dans les premiers jours de la semaine prochaine, pour reprendre la route de son diocèse, qui sera doublement heureux de revoir son premier Pasteur, à cause de l'affection qu'il lui a vouée et des bénédictions nombreuses que Monseigneur lui apportera de la part du Saint-Père.

———

(*Journal de Rennes*, 15 février.)

Nous apprenons que Monseigneur est parti de

Rome lundi dernier pour revenir dans son diocèse. Il voyage par terre, et par suite, il n'arrivera pas à Rennes avant le milieu de la semaine prochaine. C'est lui-même qui a écrit à l'un de ses grands-vicaires. « Après avoir été très-souf-
» frant, lui dit-il, à la fin de mon voyage, et
» les premiers jours de mon arrivée, ma santé
» est excellente. Je ne doute point que je ne
» doive cette grande grâce aux bonnes prières
» de mes pieux et bien-aimés diocésains. Quant
» à l'accueil qui m'a été fait, il est bien au-dessus
» de mes mérites. Le Nonce, les cardinaux, les
» prélats, ont été d'une amabilité parfaite. Mais,
» c'est le Pape, surtout, qui m'a comblé ! J'ai
» déjà eu deux audiences particulières de lui, et
» j'en aurai encore une autre demain. Vous savez
» qu'il m'a fait cadeau d'un calice en or massif
» d'un travail et d'un prix inestimables ; et pour
» mettre le comble à sa bonté, il a daigné s'en
» servir pour dire la sainte Messe le jour même
» de la fête de la Purification. Ce saint Pape est
» un homme admirable de bonté, de douceur et
» de grâce. Je crois que je ne verrai de ces figu-
» res-là que dans le ciel. »

Monseigneur apporte à chacun de ses chanoines, pour souvenir, une belle médaille en argent avec le portrait du Souverain Pontife. Il a obtenu pour sa cathédrale une affiliation avec la Basilique de Saint-Pierre de Rome, faveur très-grande en matière d'indulgences, qui ne s'accorde presque jamais. Ce sont là des témoignages bien touchants d'estime et d'affection pour Monseigneur et pour son diocèse.

SÉJOUR A ROME.

(*Journal de Rennes*, 20 février.)

M. l'abbé Bessaiche, vicaire-général, vient de recevoir d'un de ses amis de Rome une lettre pleine de détails intéressants sur le séjour de Monseigneur dans la Ville Sainte, et que nous sommes heureux, comme lui, de communiquer à nos lecteurs :

« Monseigneur part enchanté de Rome, et laisse de lui-même la meilleure impression. Il est venu, et il a été accueilli comme le représentant de la Bretagne. Son voyage a été un véritable triomphe. — Il arrivait souffrant, après avoir été obligé de s'arrêter deux fois en route, mais le cœur à l'aise, dans la conscience d'un devoir accompli ; plein de confiance d'ailleurs, et sans inquiétude sur les suites de son indisposition. J'étais moins rassuré, et le voyant s'appuyer sur mon bras lors de sa première visite à Saint-Pierre, je pensais, malgré moi, à Mgr Bouvier, ancien évêque du Mans, venant sceller de sa vie sa foi à l'Immaculée Conception. Mgr Saint-Marc devait reporter à Rennes les grâces qu'il venait chercher pour la nouvelle Métropole. Deux jours après, sa première audience du Saint-Père lui rendait ses forces, et depuis lors sa santé n'a pas cessé d'être parfaite. Tout la favorisait, il est vrai, jusqu'au temps qui, pluvieux depuis plus de trois mois, venait de se remettre, et lui montrait constamment ce ciel bleu, célébré par tous les écrivains, et qui n'est trop souvent qu'un mythe pour tant de voyageurs.

« Il venait en pélerinage, il s'est conduit en vrai pélerin. Je l'ai accompagné partout, et partout j'ai été édifié de cette foi vive, de cette piété tendre et sincère que vous connaissez, qui le portait aux tombeaux des saints et des martyrs, et à tous les grands souvenirs religieux de Rome. Il nous répétait le mot qu'il avait adressé à son clergé le jour de l'érection du siége métropolitain : « Le » fondateur d'un nouveau siége doit être un « saint : à ce titre, je ne saurais intéresser trop de « protecteurs à moi et à mon diocèse. »

« Quelque habitué que je sois à Rome et à ses sanctuaires, je n'ai pu me défendre d'une vive et profonde émotion lors de la visite *ad limina Apostolorum*, à Saint-Pierre. C'était, avec le Saint-Père, le but direct du pélerinage. Elle ne manqua pas d'une certaine solennité. Monseigneur sortit de la sacristie revêtu du rochet et de la mantelletta (que les évêques portent à Rome au lieu de la mozette), et vint prier d'abord à l'autel du Saint-Sacrement ; il baisa, en passant, le pied de cette statue de saint Pierre placée par saint Léon dans la basilique, et devant laquelle les Papes eux-mêmes et toutes les générations s'inclinent depuis 1300 ans, et vint enfin se prosterner devant la Confession de l'Apôtre, aux pieds de ce tombeau sur lequel repose le *Pallium*, qui porte d'un bout du monde à l'autre la plénitude de la juridiction archiépiscopale. Il aimait les jours suivants à rappeler ce souvenir, et à parler de cette cassette, qu'il avait vue, à laquelle il avait fait toucher son anneau, et de laquelle le Saint-Père avait tiré ce symbole de la nouvelle autorité conférée, dans sa personne, au siége des Melaine et des Amand. Nous suivions tous, M. Combes, M. Lelièvre, qui a adopté la Bre-

1**

tagne et le diocèse de Rennes pour patrie, quelques laïques et moi, représentant le clergé et les fidèles du diocèse. Jamais l'unité de l'Eglise, jamais son universalité qui en découle, ne se sont représentées plus vivement à mon imagination et à ma pensée. A quelques jours de là, Monseigneur rendait à Saint-Paul les mêmes devoirs, et en recevait la même attestation. Il avait accompli en personne le serment de son sacre.

« Des basiliques aux Catacombes, des Catacombes aux musées chrétiens où se conservent les instruments de supplices trouvés près des corps des martyrs, les inscriptions et les tombeaux symboliques des premiers chrétiens, témoignages parlants de l'identité de leur foi avec la nôtre. Cette fois, c'était l'apostolicité de l'Eglise rendue visible.

« Les souvenirs profanes ont tenu peu de place dans ce voyage. C'est à peine si Monseigneur a jeté en passant un coup d'œil sur ces ruines gigantesques, témoins encore debout, après seize siècles et dix-sept invasions, de la grandeur de la lutte et du triomphe de nos pères.

« Restait toute une classe de merveilles qu'il devait apprécier plus que la plupart des visiteurs de Rome. Vous connaissez son goût pour les arts. Je m'attendais à passer de longues heures dans les galeries de Rome. Il n'a vu que le musée du Vatican, ce magnifique témoignage de l'amour des Papes, j'allais dire de leur culte pour tout ce qui se rattache à la grandeur et à la culture de l'esprit humain ; et il a sacrifié sans hésiter d'innombrables chefs-d'œuvre à ce qu'il ne cessait d'appeler son pélerinage.

« Est-il besoin d'ajouter qu'il n'a rien vu du

luxe et de la splendeur de ces maisons princières de Rome ? Il a refusé toutes les invitations qui lui étaient adressées par les personnages les plus éminents, et n'a fait d'exception que pour notre saint cardinal français, dont il aurait craint par un refus de contrister la vieillesse.

« Le Saint-Père, vous le savez, l'aimait déjà avant de le connaître. Il a trouvé pour le recevoir de nouveaux trésors d'affection et de bonté. Monseigneur dira lui-même du haut de la chaire de la Métropole ce qui s'est passé dans ces trois longues audiences dont il sortait toujours de plus en plus ravi. « Très-Saint-Père, s'écriait-il à la « dernière, je puis vous appliquer ce que saint « Augustin disait de Dieu : On ne vous aime pas « assez, quand on ne vous a pas vu. » Il lui présentait une longue liste d'indulgences et de faveurs à signer : « Je suis peut-être indiscret, Vo- « tre Sainteté effacera tout ce qui serait de trop. » — « Il n'y a rien de trop pour les Bretons, et « je ne puis rien refuser à leur Archevêque. » En lui envoyant ce magnifique calice d'or, qui sera l'orgueil du *trésor* de la Métropole bretonne, le Saint-Père lui disait qu'il voulait par là témoigner son affection pour lui et pour cette province qui lui avait prodigué son sang et son or. Par une attention délicate, la lettre d'envoi avait conservé en italien ces paroles telles qu'elles étaient sorties de la bouche du Saint-Père : *Che ha fatto tanto per me.* (Qui a tant fait pour moi.)

« A quelques jours de là, il disait au cardinal Villecourt qu'il avait voulu que le calice breton fût tout de Rome, commandé à Rome, fait à Rome, orné de ces mosaïques qu'on ne sait travailler qu'à Rome. Plusieurs prélats de son intimité nous répétaient, à M. Lelièvre et à moi, combien il avait été satisfait de la conduite et du langage de Monseigneur.

« Je n'en finirais plus sur ce sujet. Ayant appris, je ne sais plus comment, que le domestique de Monseigneur avait de sa main compté les 80,000 fr. que le prélat lui avait remis, le Pape lui envoyait une magnifique médaille en argent; et au moment du départ il en remettait une pareille à Monseigneur pour M. Combes. Vous voyez qu'au milieu de sa détresse il a conservé un cœur tout royal.

« De leur côté, les cardinaux et les prélats ont comblé Monseigneur de témoignages de leur estime et de leur considération. Plusieurs affaires importantes, qui auraient demandé des mois et des années, ont été réglées en quelques jours. Les sanctuaires les plus inaccessibles s'ouvraient devant lui; on le conduisait aux reliques les plus précieuses. C'est alors que pour la première fois, dans mon long séjour à Rome, j'ai pu voir de près et à mon aise le célèbre portrait de la Sainte Vierge, peint de la main de saint Luc, pour lequel s'est élevée cette magnifique chapelle Pauline à Sainte-Marie-Majeure.

« Monseigneur, de son côté, ne pouvait se retenir de témoigner combien il était édifié, non-seulement des sanctuaires de Rome, mais de la piété et de la bonne tenue de ses prélats, de ses religieux, des simples prêtres, de tous ceux avec qui il se trouvait en rapport. S'il avait apporté des préventions contre l'Eglise de Rome, elles se seraient évanouies dans ces conversations intimes où il voyait tout ce que ces hommes, si décriés par nos impies de France, ont d'amour pour l'Eglise, de zèle pour les âmes, de charité pour les pauvres. Ses compagnons laissaient éclater leur indignation contre ces journalistes et ces pamphlétaires qui passent leur vie à diffamer des vertus qu'ils ne sauraient imiter.

« Le soir, un spectacle non moins touchant nous attendait à l'hôtel. C'était la Bretagne à Rome. Pêle-mêle avec les prélats et les grands personnages, de jeunes officiers, des jeunes gens appartenant aux meilleures familles, d'autres, enfants du peuple et venus du fond des campagnes, emplissaient la chambre de Monseigneur. Plusieurs étaient ses anciens élèves et ses pénitents ; tous, confondus sous le même uniforme, offrant au Saint-Père leurs services et leur vie, venaient respirer un instant l'air de la patrie, et demander à leur archevêque de bénir leur héroïque sacrifice. Monseigneur les relevait et les embrassait avec la tendresse d'un père ; on le voyait heureux, on sentait qu'il oubliait au milieu de ces chers et admirables enfants les fatigues de la journée.

« Ainsi se sont passés ces vingt jours, qui me laisseront un long et ineffaçable souvenir. Ils porteront leurs fruits à Rennes et dans toute la la Bretagne. Il me semblait voir à chaque instant se resserrer les nœuds qui unissent depuis tant de siècles notre vieille terre d'*obédience* au Saint-Siège. Monseigneur partait heureux, malgré les tristesses de l'heure présente ; il emportait plus vif le sentiment de l'immortalité de l'Eglise et l'espérance d'un éclatant triomphe, quand nous aurons traversé la tourmente qui maintenant se déchaîne contre elle »

ITINÉRAIRE DU RETOUR.

DÉPART DE ROME.

Monseigneur séjourna à Rome depuis l'après-midi du mercredi 23 janvier jusqu'au 12 février qu'il en partit à six heures du matin, après avoir fait, la veille au soir une dernière visite au tombeau du Prince des Apôtres.

Sorti de Rome par la porte du Peuple, Monseigneur voyagea toute la journée du lundi et la nuit suivante, et arriva à Sienne le mardi 12, à une heure de l'après-midi ; il y prit le chemin de fer de Florence où il arriva dans la soirée du même jour.

Monseigneur avait dessein de ne rester qu'un jour à Florence, mais n'ayant pas trouvé place dans les voitures publiques, il fut obligé d'y passer deux jours, le 13 et le 14. Sa Grandeur les consacra à visiter les magnifiques églises et les les musées de cette belle ville.

Le vendredi 15 février, à quatre heures et demie du matin, Monseigneur se rendit de Florence par le chemin de fer jusqu'à Pistoie ; il y prit une voiture qui le conduisit à Bologne, où il arriva vers minuit, après avoir traversé la chaîne des Appennins par une route très-pénible.

Ne voulant pas s'arrêter dans cette ville révolutionnaire, rebelle au plus doux des pères, Monseigneur en repartit à midi le jeudi 16, passa par Modène, Parme, Plaisance, Alexandrie et Côme. Sa Grandeur passait très-près de Milan ; elle voulut visiter le tombeau de saint Charles et la magnifique église de cette ville : il y arriva le même jour à minuit.

Le dimanche 17, premier dimanche de carême, Monseigneur assista à la grand'Messe du Chapitre célébrée selon le rite Ambroisien, visita la Cathédrale et la vieille Basilique où S. Augustin allait entendre les belles homélies de S. Ambroise, et voulut aller à 300 pas de cette église, dans une petite chapelle où S. Augustin fut baptisé.

Le même jour dimanche, à cinq heures du soir, Monseigneur prit le chemin de fer, passa par Turin sans s'y arrêter, arriva à Suze à dix heures du soir, monta en voiture, puis en traîneau pour faire l'ascension du Mont-Cenis.

Le lundi 18, Monseigneur traversa Saint-Jean de Maurienne, Chambéry, Mâcon, Châlons, et arriva à Paris le mardi 19 à six heures du matin, ayant voyagé sans interruption depuis Milan.

Monseigneur séjourna à Paris le 19 et le 20 pour se reposer ; et le jeudi 21 février Sa Grandeur arriva à Rennes, le soir à huit heures par le chemin de fer, trouvant le Chapitre, tout le clergé de Rennes et une foule de fidèles qui l'y attendaient, pour lui exprimer la joie qu'ils éprouvaient de son retour.

ARRIVÉE DE MONSEIGNEUR A RENNES.

(Journal de Rennes, 22 février.)

Monseigneur l'Archevêque, comme nous l'avions annoncé, est arrivé hier soir à huit heures, revenant de son pèlerinage de Rome. Au moment où le convoi entrait en gare, toutes les cloches de la ville ont salué le retour du Prélat. Aucune manifestation n'avait été préparée, et pourtant Sa Grandeur a été l'objet d'une véritable ovation. Tout le clergé de Rennes s'est trouvé réuni pour le recevoir à la descente du wagon ; une foule considérable composée de personnes de- tout rang se pressait dans les salles et aux abords dé l'édifice.

Dès que le digne Archevêque a paru, des cris de *Vive Monseigneur ! Vive Pie IX !* sont partis spontanément de plus de mille poitrines. Le prélat était ému et remerciait de ce témoignage de foi et d'affection. La foule que Monseigneur a eu à traverser était si pressée qu'il a eu beaucoup de peine à parvenir jusqu'à sa voiture. Les vivats redoublaient et n'ont cessé de le suivre dans tout le long parcours qu'il faut faire pour se rendre à l'Archevêché. Là, une immense multitude couvrait la place Notre-Dame, la cour intérieure du palais avait été envahie, et lorsque la voiture de Monseigneur, qui était suivie d'une trentaine de voitures, s'est avancée, de nouveaux cris de *Vive Monseigneur ! vive le Pape ! vive Pie IX, Pontife et Roi !* ont éclaté avec un ensemble et une chaleur qui traduisaient admirablement les sentiments de tous les cœurs. Ces acclamations ont accompagné l'Archevêque jusque dans les appartements de son palais. Le vaste salon a été instantanément rempli, et le prélat a causé quelques minutes.

Puis Monseigneur ayant appris que la foule ne s'était pas encore écoulée et attendait sa bénédiction, a ouvert une fenêtre et, en quelques paroles émues, le Prélat a exprimé combien il était touché de l'accueil qu'il recevait. « Je vous « apporte, mes enfants, a-t-il dit, toutes les bé-

» nédictions du Pape, Sa Sainteté a voulu que je
» vous dise combien il aime cette Bretagne qui a
» tant fait pour lui. Si j'ai été comblé de faveurs,
» c'est à cause de la Bretagne que je représentais.»
En ce moment, Monseigneur a été interrompu
par de nouveaux cris : de *Vive Pie IX ! vive le
Pape, Pontife et Roi ! vive Monseigneur !*

Alors l'Archevêque a donné sa bénédiction ;
la foule s'est agenouillée et s'est relevée en
poussant de nouvelles acclamations.

Aujourd'hui, à six heures et à midi, toutes les
cloches de la ville ont célébré de nouveau le retour de notre Archevêque.

Cette après-midi, le vénérable Prélat doit recevoir tout le clergé de Rennes.

RÉCEPTION DU CHAPITRE ET DU CLERGÉ A L'ARCHEVÊCHÉ.

(*Journal de Rennes*, 25 févr.)

Comme nous l'avions annoncé, Monseigneur
l'Archevêque a reçu vendredi le clergé de la
ville métropolitaine qui venait lui présenter
ses hommages à l'occasion de son heureux
retour dans son diocèse. A deux heures, le
Chapitre métropolitain a été admis auprès de
Monseigneur, et le doyen, M. l'abbé de Les-
quen, a prononcé, au nom de ses collègues
et du clergé diocésain, l'allocution suivante :

« Monseigneur,
« Dieu soit à jamais béni ! Vous voilà enfin

rendu aux vœux de vos chers diocésains. Nos consolations égalent aujourd'hui les vives inquiétudes que nous avons ressenties, lorsque nous avons appris que votre santé s'était altérée par les fatigues de votre long et pénible voyage. Aussi nos prières, qui vous avaient accompagné dès le début de votre départ, ont-elles continué plus ardentes à la nouvelle de l'indisposition que vous avez éprouvée. Grâce à Dieu, elle n'a point eu de résultat fâcheux. Vous avez pu accomplir votre saint pèlerinage, contempler le doux visage de notre Père commun, lui exprimer vos sentiments d'amour et de profond dévouement, lui parler de l'attachement du clergé et des fidèles confiés à votre sollicitude pastorale, recevoir pour vous et pour nous les innombrables bénédictions que sa main paternelle a daigné laisser tomber et sur le pasteur et sur ses ouailles.

« Dites-nous, bien-aimé Prélat, quelques-unes de ces pensées émanées du cœur généreux du Chef vénéré de l'Eglise notre Mère. Dites-nous les impressions que vous avez ressenties, les consolations qui ont inondé votre âme, lorsque vous avez été à même d'apprécier tout ce qu'il y a de grand, de calme, de ferme, de confiant dans le cœur de l'illustre Pie IX. Ces paroles nous feront du bien, relèveront notre espérance, soutiendront notre courage, et nous aideront à supporter, avec l'énergie de la foi, les terribles épreuves qui nous apparaissent dans les jours mauvais que nous traversons.

« Si quelque commotion religieuse venait à nous faire essuyer ses rigueurs, ce qu'à Dieu ne plaise, ayant à notre tête un Prélat riche des grâces puissantes qu'il a puisées aux tombeaux des saints Apôtres Pierre et Paul, ainsi qu'aux

pieds de leur pieux successeur, alors, forts de
sa force, nous nous sentirions disposés à en
affronter les périls, de quelque nature qu'ils
fussent.

« Veuillez, Monseigneur, ne pas permettre
que nous prenions congé de Votre Grandeur sans
avoir reçu préalablement votre bénédiction, qui
sera en même temps celle de notre bien-aimé et
bien vénéré père le Souverain Pontife. C'est le
vif désir de tout votre clergé qui, par ma bouche,
je m'en fais le garant, sollicite cette faveur de
votre bienveillante charité. »

Sa Grandeur a répondu avec effusion et
s'est entretenue longuement avec ses vénérables frères du Chapitre. A trois heures ont été
introduits MM. les curés de la ville avec le
clergé des paroisses. Le respectable abbé
Meslé, curé-doyen de Notre-Dame, a porté la
parole au nom de ses confrères. Il s'est exprimé en ces termes :

« Monseigneur,

« Après votre vénérable Chapitre et dans les
mêmes sentiments, le clergé de votre ville épiscopale est heureux de venir vons offrir ses
hommages dans cette réunion de famille à laquelle s'unit de cœur tout le clergé de votre
archidiocèse.

« Au moment de votre retour du saint pèlerinage à Rome, où vous avez goûté des consolations qui vous ont surabondamment dédommagé
des souffrances que vous avez éprouvées par terre
et par mer, tous vos prêtres, dont vous êtes non-
seulement le chef légitime, mais encore le tendre
père et l'ami de cœur, bénissent Dieu de ce que

l'ange de l'Eglise de Rennes vous ait ramené sain et sauf parmi nous.

« Unis à tous nos confrères et à tous les fidèles de votre archidiocèse, nous vous avons suivi de nos vœux chaque jour, partagé vos souffrances quand nous les avons connues, et ensuite, avons été très-heureux d'apprendre qu'à peine rendu à Rome, votre santé s'était rétablie, et vous avait mis à même d'aller promptement faire cette visite apostolique que, depuis si longtemps vous aviez à cœur.

« A ce souvenir, permettez-nous de vous féliciter de ces audiences qui vous ont été accordées si promptement et si gracieusement, et d'avoir enfin dans ces jours satisfait votre cœur d'Evêque en vous prosternant aux pieds du Souverain Pontife, si cruellement éprouvé et si indignement calomnié de nos jours, parce qu'il est, comme vous le dites si bien dans le Mandement de ce Carême 1861, le Vicaire du Crucifié, et qu'à l'exemple de son Maître et des saints Papes ses prédécesseurs, Pie IX a défendu envers et contre tous les droits imprescriptibles de la vérité et de la justice.

« Oui, nous vous félicitons, et toute la province ecclésiastique de Rennes, de cet honorable et gracieux accueil, des paroles que le Saint-Père vous a adressées dans l'intimité de l'entre-vue, et des marques d'estime qu'il vous a données, et dans votre personne à tout le clergé et aux catholiques de la Bretagne, par ce présent qu'il vous a fait pour reconnaître ce que Votre Grandeur avait dit et fait avec son clergé et les fidèles pour la défense et le soutien de la cause pontificale ; nous jouirons avec vous de l'honneur qui vous en revient, et nous recevrons avec bon-

heur les nombreuses bénédictions que notre bien-
aimé Père Pie IX vous a chargé de nous apporter
en son nom.

« Comblés alors des bénédictions célestes par
notre Saint-Père et notre Archevêque, avec qui
nous ne faisons qu'un, comme Jésus-Christ avec
son Père, nous puiserons dans cette précieuse
circonstance de votre voyage et de votre retour
un nouveau et puissant motif d'augmenter, s'il
est possible, le zèle que nous ressentons pour
la cause du Souverain Pontife, dans un siècle
qui apprécie si mal la Papauté, et va courir
à sa ruine, retomber en plein paganisme, s'il
s'obstine à répudier la haute et divine direction
de cette boussole Pontificale, divinement donnée aux nations chrétiennes et à leurs chefs
temporels, afin qu'il ne s'écartent pas de la
loi divine qui doit toujours servir de règle aux
lois de la terre.

« Monseigneur, après vous être entretenu avec
le Souverain Pontife dans lequel Jésus-Christ
se personnifie et se rend visible, vous en reve-
nez, comme Moïse autrefois descendant de la
montagne, portant sur votre front le rejaillisse-
ment des lumières qui vous ont été communi-
quées sur le nouveau Thabor, où Jésus-Christ,
dans le successeur de Pierre, vous a manifesté
sa gloire de Pontife éternel et de Chef invisible
de l'Eglise.

« Pour être toute votre vie le brillant et so-
lide chandelier de l'Eglise de Rennes, le Seigneur vous conservera le souvenir perpétuel de
cette vision intellectuelle de votre foi qui vous
élevait si haut, pendant que les yeux de votre
corps contemplaient Pie IX et que vos oreilles en-
tendaient ses paroles.

« Qu'à la grâce de ce souvenir, qui vous est assurée, Dieu veuille ajouter une santé parfaite pour répondre à votre zèle dans le gouvernement de votre archidiocèse, et enfin vous conserver de longues années à notre tête pour être notre lumière et notre guide.

« De notre côté, nous continuerons de vous écouter et de vous seconder dans votre divin ministère, résolus, avec la grâce que vous demanderez pour nous, de partager vos travaux, vos fatigues, vos peines, vos consolations et toutes les épreuves qui pourraient survenir, afin que les ennemis de l'Eglise apprennent encore une fois que s'il leur est donné momentanément de persécuter le Saint-Siége et d'incriminer nos évêques, ils ne parviendront jamais, Dieu aidant, à séparer les prêtres de leurs évêques, ni les évêques du Souverain Pontife.

« Vive le Souverain Pontife Pie IX avec tous ses droits ! Vive Monseigneur l'Archevêque de Rennes que Pie IX nous a donné !

« *Ad multos annos.* »

Cette touchante et solennelle entrevue du premier Pasteur de notre diocèse avec ses dignes coopérateurs a laissé des souvenirs ineffaçables dans les âmes de tous ceux qui y ont pris part.

Le bruit s'était répandu, dans la journée de samedi, que Mgr l'Archevêque prêcherait dimanche à la Grand'Messe de la Métropole. Aussi, dès le matin, l'église Saint-Pierre était envahie par une foule compacte longtemps avant l'heure de l'office. Un pareil empressement, une semblable animation ne se produi^t que dans de rares et solennelles circonstances.

Après l'Evangile, Sa Grandeur est montée en chaire, et là, en présence de l'attentive et sympathique assistance qui se pressait autour de lui, Mgr l'Archevêque a, dans les épanchements d'une paternelle affection et d'une tendre reconnaissance, exprimé à son auditoire le bonheur qu'il éprouve à se retrouver au milieu de son troupeau, et ses remercîments pour l'accueil qu'il en a reçu à son arrivée.

Le Prélat s'est étendu ensuite sur les souvenirs de son pélerinage et les monuments de la Ville Eternelle.

Puis arrivant à parler du Souverain Pontife lui-même, Sa Grandeur a fait de cette sainte et vénérable figure le portrait le plus touchant. Il a puisé dans son cœur les accents les plus pénétrés pour redire l'impression qu'a produite sur lui « l'admirable Pie IX, qui réunit sur son auguste physionomie tout ce qui reflète au suprême degré la bonté du père, l'auréole du saint, le caractère divin de la victime... »

Le digne Prélat a eu des paroles heureusement inspirées pour rappeler avec quelle tendre gratitude le Saint-Père l'a entretenu de la Bretagne qui lui est si chère, des jeunes héros chrétiens que cette province a envoyés combattre et mourir pour la cause de l'Eglise et du Saint-Siége : « Non, a dit Pie IX, il n'y aura pas un second Castelfidardo. J'en mourrais de douleur !... »

En même temps, Monseigneur a rendu un nouveau témoignage de l'inébranlable fermeté du doux mais intrépide Pontife, qui ne cèdera jamais rien des droits inaliénables confiés à sa garde.

En terminant son discours, Mgr l'Archevêque a donné à son immense auditoire, auquel se communiquait son émotion, la bénédiction au nom du Souverain Pontife.

LETTRE PASTORALE

DE

Mgr L'ARCHEVÊQUE DE RENNES

A L'OCCASION

DE SON RETOUR DE ROME

DANS SON DIOCÈSE.

———

GODEFROY SAINT-MARC,

PAR LA MISÉRICORDE DIVINE ET LA GRACE DU SAINT-SIÉGE APOSTOLIQUE,

ARCHEVÊQUE DE RENNES.

———

Nos Très-Chers Frères,

De retour de notre pèlerinage aux tombeaux des Saints Apôtres, de notre visite au successeur de Pierre, c'est pour nous un besoin de notre cœur de vous faire entendre notre voix pastorale, de vous révéler les sentiments qui remplissent notre âme, au moment où nous avons le bonheur de nous retrouver au milieu de notre troupeau chéri.

Or le premier, comme le plus sacré de tous ces sentiments, est celui de la reconnaissance la

plus vive pour l'infinie miséricorde du Dieu très-
bon qui a daigné bénir notre voyage, nous ac-
corder la grâce insigne de l'accomplir heureusement et 'en paix, malgré ses dangers, ses fatigues, malgré notre faible santé et la rigueur de
la saison dans laquelle nous l'avions entrepris.

Mais nous savons à n'en pouvoir douter, N. T.
C. F., que c'est à vos bonnes prières, à celles
de nos vénérables Prêtres, à celles de nos pieu-
ses filles les saintes religieuses qui habitent notre
Diocèse, que nous avons dû cette faveur, vrai-
ment surnaturelle, que nous a faite la divine
Providence et dont nous étions si indigne ; par
conséquent, une part toute particulière et toute
tendre vous est due aussi à vous, Diocésains bien-
aimés, dans les sentiments de gratitude qui animent en ce moment le cœur de votre premier
Pasteur et Père. Recevez-en donc la sincère et vive
expression, N. T. C. F., et dans l'impuissance où
nous nous sentons de reconnaître dignement ce
que vous avez fait pour nous, nous prions le
divin Sauveur Jésus, Pontife éternel et Evêque
de nos âmes, de vouloir bien acquitter notre
dette à votre égard, en répandant sur vous ses
grâces et ses bénédictions les plus abondantes.

Un second sentiment non moins doux ni moins
sacré, qui vit au fond de notre cœur et qui y
demeurera à jamais, c'est celui du respect, de la
vénération, de l'admiration, de l'amour qui se
sont gravés dans notre âme et qui ne sauraient
s'en effacer jamais, pour la personne sacrée de
notre Père bien-aimé le Souverain Pontife Pie IX.
Ah ! que ne nous est-il donné, N. T. C. F., de
pouvoir vous peindre dignement cette placide
figure, ce tendre regard, cette grâce inimitable,
cette voix onctueuse, ces yeux si doux, cette ani-

mation sainte, cette auréole surnaturelle qui illumine son beau visage, en un mot, cet ensemble qui fait du Pape actuel un être à part, un composé de tout ce qu'il y eut jamais de plus gracieux parmi les hommes, et dont nous ne verrons de semblable qu'au Ciel. Que nous avons été, N. T. C. F., touché de son accueil, heureux et fier de tout ce qu'il a bien voulu nous dire d'affectueux et de tendre à votre endroit, édifié de ce que nous avons admiré en lui de foi vive, d'espérance ferme, de charité ardente, conforté enfin pour l'avenir, quelque pénible, quelque difficile qu'il puisse être pour nous, à la vue de cette résignation calme et ferme tout à la fois, de cet abandon simple et confiant entre les mains de Dieu, du Chef suprême de l'Episcopat au milieu de cette mer d'amertumes et de tempêtes qui inonde son âme! Quand un Evêque, N. T. C. F., a vu Pie IX, a entendu Pie IX, a respiré le souffle divin qui sort de son cœur embaumé de foi, d'espérance et d'amour, rien ne doit plus lui paraître pénible dans l'accomplissement des devoirs sacrés de son saint ministère, devrait-il même lui coûter l'effusion de tout son sang.

Mais que vous dire aussi, N. T. C. F., des émotions qne nous avons ressenties, lorsque nous avons été nous agenouiller au pied du tombeau grandiose où reposent les glorieux restes du Prince des Apôtres, sur lesquels le génie de Michel-Ange a jeté dans les airs cette tiare de marbre, de mosaïque et d'or, que l'on appelle la coupole de Saint-Pierre? Ah! nous ne saurions bien les rendre, mais ce que nous ne pouvons vous taire, c'est qu'après avoir demandé au bienheureux Pierre humblement pardon des fautes, nombreuses sans doute, que nous avons commises dans la part de l'Apostolat divin qui nous a été confiée par son successeur Grégoire, nous l'avons supplié de vous bénir du haut du Ciel où il règne avec le divin Maître qu'il avait tant aimé sur la terre, de conserver surtout au milieu de vous le don inestimable de la foi que vous possédez encore et si abondant et si pur, de ne pas permettre que sous notre Episcopat l'homme ennemi réussisse jamais à semer l'ivraie de l'erreur ou du schisme dans le champ du Seigneur confié à notre garde et à notre sollicitude.

Les mêmes sentiments, N. T. C. F., nous ont accompagné au tombeau du grand Paul, à celui des Apôtres Barthélemi, Philippe, Jacques, André, Jude et Simon, à ceux des glorieux Martyrs Ignace, Laurent, Sébastien, Processe, Martinien, Agnès, Cécile et tant d'autres qui ont répandu leur sang pour J.-C. et qui reposent dans la ville éternelle dans ces cryptes qu'on appelle confessions et où resplendissent à l'envi l'or, le marbre, l'agathe, le jaspe, le porphire, l'azur, le rubis, l'émeraude et le saphir. A tous ces Saints et à bien d'autres encore, nous avons instamment et itérativement demandé la grâce de devenir un saint, afin de faire de vous des saints.

Tels sont, N. T. C. F., les sentiments si doux qui ont réjoui notre âme pendant le cours de notre pélerinage. Pourquoi faut-il que d'autres, hélas ! bien différents, soient venus attrister notre esprit, briser notre cœur, indigner notre conscience d'Evêque, de catholique, d'honnête homme même. Je veux parler des violences, des perfidies, des trahisons, des calomnies, des insultes, de toutes les infamies en un mot dont le saint, l'admirable Pie IX est l'objet de nos jours, ainsi que son gouvernement. Ah ! N. T. C. F., quand on a eu le bonheur d'approcher, de contempler cet incomparable Pontife, ce serait en vérité un mystère inexplicable que de voir tant d'ingratitudes, de méchancetés et de noirceurs poursuivre le plus doux des hommes, le plus libéral, le plus clément des souverains, si l'on ne connaissait la passion aveugle, l'irréconciliable haine contre la sainte Eglise de cet ennemi de Dieu et des hommes que l'on apppelle la révolution.

Ah ! gardez-vous, vous dirons-nous en finissant, N. T. C. F., gardez-vous soigneusement de vous laisser séduire par tant de paroles mensongères, d'écrits insidieux et pervers qui retentissent aux oreilles de votre foi naïve, contre l'Eglise catholique et son chef vénéré ; et si plusieurs d'entre vous ne se sentent pas capables de démêler le vrai du faux et de démasquer la mauvaise foi et l'imposture, qu'ils se rappellent l'infaillible règle qui nous a été donnée par le Sauveur Jésus lui-même pour discerner les faux prophètes (1), qui viennent à vous revêtus de la peau des brebis et qui sont au-dedans des loups ravisseurs. Vous les reconnaîtrez à leurs fruits (2). Considérez donc avant tout, N. T. C. F., quels sont les accusés et les accusateurs, j'oserai dire les victimes et les bourreaux, et vous verrez d'un côté tout ce qu'il y a de pur, de chaste, de pieux, d'innocent, de dévoué, de désintéressé parmi les hommes, et de l'autre, pour tout dire en un mot, tout ce que la triple concupiscence a créé de plus vil et de plus dégradé dans l'humanité tombée ;

(1) Attendite a falsis Prophetis qui veniunt ad vos in vestimentis ovium, intus sunt autem lupi rapaces.

(2) A fructibus eorum cognoscetis eos.

d'un côté les Saints, et de l'autre cette troupe d'êtres ignobles qui apparaissent aux jours néfastes de la société, comme des vautours pour la dévorer (1), et que l'un des plus célèbres historiens de l'antiquité a si énergiquement dépeints à l'occasion de la conjuration de Catilina. « Tous les impudiques, les adultères, les libertins qui s'étaient ruinés au jeu, ou en festins, ou en débauches, ceux qui s'étaient abîmés de dettes, tout ce qu'il y avait de parricides, de sacriléges, de gens condamnés ou qui craignaient de l'être, tous ceux enfin que tourmentaient l'indigence, l'infamie et les remords (2). »

Alors votre choix ne saurait être douteux, vous demeurerez ce que vous êtes, ce que, nous l'espérons, vous serez à jamais, c'est-à-dire les enfants fidèles de la Sainte Eglise notre Mère, les défenseurs dévoués de N. S. Père le Pape et du Saint-Siége, les dignes fils en un mot de ces héroïques Bretons, nos pères, qui préférèrent mourir plutôt que de courber leur front devant le schisme et l'hérésie ; et vous laisserez avec mépris les journalistes impies continuer leur œuvre de mensonge, les pamphlétaires et les faiseurs de brochures débiter leurs calomnies, la tourbe des Scribes, des Pharisiens, des Pilates et des Judas essayer de renouveler la Passion du Sauveur en la personne de son Vicaire, attendant avec foi et espérance le jour et l'heure marqués par le juste

______

(1) Ubi fuerit corpus, ibi congregabuntur et aquilæ.

(2) Quicumque impudicus, adulter, ganeo, manu, ventre, bona patria laceraverat, quique alienum æs grande conflaverat; præterea omnes undique parricidæ, sacrilegi, convicti judiciis, aut pro factis judicium timentes; postremo omnes quos flagitium, egestas, conscius animus exagitabat. (Salluste, *Catilin.*, n. XIV.)

Juge pour punir les ennemis de l'Eglise de son divin Fils.

Mais n'oublions pas, N. T. C. F., que notre Père bien-aimé nous a confié la douce et honorable mission de bénir en son nom ses enfants chéris de l'Archidiocèse de Rennes, fils bien-aimés de cette province de Bretagne qui a tant fait pour lui, *che a fatto tanto per me* (expressions textuelles de Sa Sainteté). En conséquence, en vertu d'une grâce et d'une concession spéciale du Souverain Pontife, le dimanche des Rameaux, à l'issue de la Grand'Messe, nous donnerons dans notre église métropolitaine la bénédiction apostolique, à laquelle est attachée l'indulgence plénière et qui pourra être gagnée le même jour dans tout notre Archidiocèse, par les fidèles qui auront accompli les conditions prescrites en pareil cas, c'est-à-dire, qui se seront confessés, auront communié, et réciteront cinq *Pater* et cinq *Ave* aux intentions du Saint Pontife.

Préparez-vous donc, N. T. C. F., avec tout le zèle et le soin dont vous êtes capables, à la réception de cette grande grâce que nous vous apportons de la part du successeur de Pierre, du Vicaire de N.-S. J.-C., et recevez encore une fois l'assurance de notre inviolable attachement dans les saints Cœurs de Jésus et de Marie.

Et sera la présente lettre pastorale lue au prône de la Grand'Messe, dans toutes les églises de notre Archidiocèse, le dimanche qui en suivra a réception.

Donné à Rennes, le 24e jour du mois de février de l'année 1861, second dimanche de Carême.

† GODEFROY, *Archevêque de Rennes.*